Y0-ARY-418

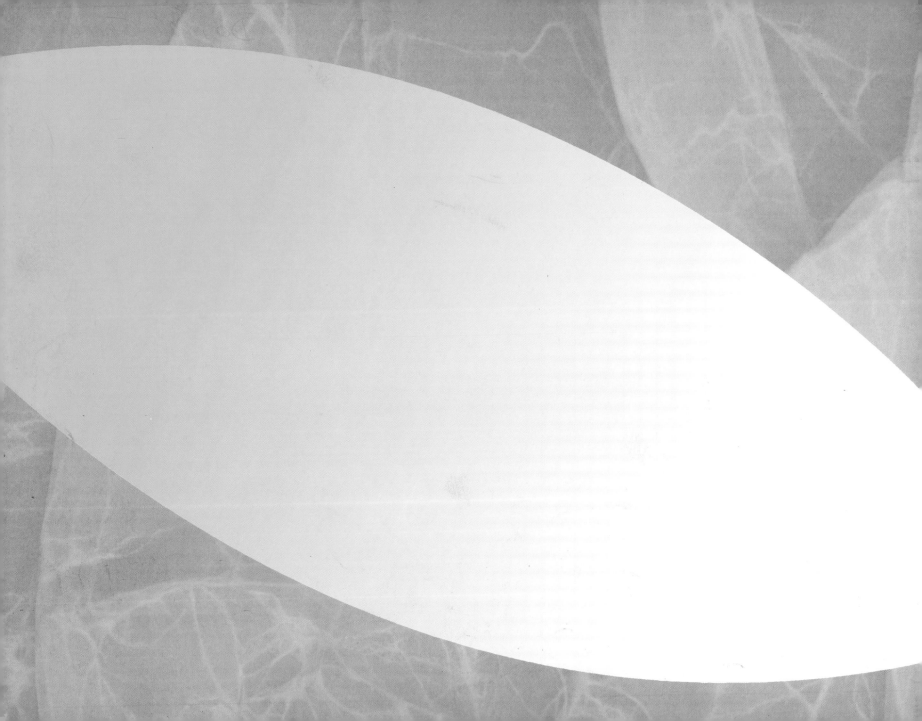

DÉCOUVRE

100
DINOSAURES

PRÉFACE

À ce jour, 800 dinosaures ont été découverts.
Nous reprenons dans ce livre 100 d'entre eux, classés en
3 périodes (une liste alphabétique se trouve également à la fin
du livre).

Pour chaque dinosaure illustré, tu trouveras une
"carte d'identité" déclinant : son nom scientifique
(et sa signification en français), sa taille et son poids, le lieu
où il vivait et son régime alimentaire. De plus, une particularité
physique étonnante ou une information passionnante sur
son comportement est à chaque fois révélée.

L'étude des dinosaures est une aventure captivante mais
la paléontologie reste une science en pleine évolution.

Les informations sur les dinosaures s'appuient parfois sur quelques
rares fossiles trouvés qui ne livrent que très peu d'indices.
Ces informations peuvent être incertaines ou même contradictoires et
impliquent souvent certaines hypothèses difficilement vérifiables.

Ce livre est basé sur les connaissances les plus récentes et tend à donner les informations les plus précises et les plus exactes possibles.

Les dinosaures étaient des reptiles qui pondaient des œufs. Répartis dans le monde entier, ils pouvaient être herbivores, carnivores ou même omnivores, petits ou gigantesques, bipèdes ou quadrupèdes, et vivre en solitaire ou en groupes. Les dinosaures ont vécu il y a des millions d'années, au cours des 3 périodes de l'ère secondaire : le trias, le jurassique et le crétacé.

Le **trias** a commencé il y a 245 millions d'années et s'est terminé il y a 205 millions d'années. À cette époque, il n'y avait qu'un seul et même continent. D'immenses déserts couvraient la Terre et le climat était sec et chaud. Ensuite, il y a 205 millions d'années, le **jurassique** a succédé au trias pour se terminer il y a 135 millions d'années. Les continents ont alors commencé à se diviser, le climat est devenu plus humide et les végétaux sont apparus. Le **crétacé** a vu la disparition des dinosaures il y a 65 millions d'années. Cette disparition pourrait être due à la chute d'une énorme météorite, à des éruptions volcaniques incessantes ou au refroidissement du climat. Mais le mystère reste encore entier.

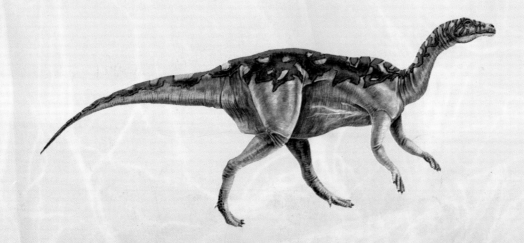

LE CŒLOPHYSIS

Ces dinosaures se
mangeaient entre eux !

NOM : **Cœlophysis (Forme creuse)**
TAILLE : **3 m de long - 2 m de haut**
POIDS : **15 à 30 kg** • RÉPARTITION : **États-Unis**
RÉGIME ALIMENTAIRE : **carnivore**

NOM : **Staurikosaurus (Lézard à croix)** • TAILLE : **2 m de long - 1 m de haut**
POIDS : **30 kg** • RÉPARTITION : **Brésil**
RÉGIME ALIMENTAIRE : **carnivore**

LE STAURIKOSAURUS

Il était probablement l'animal terrestre le plus rapide de son temps.

NOM : **Herrerasaurus (Lézard d'Herrera)** • TAILLE : **3 m de long - 1 m de haut**
POIDS : **250 à 300 kg** • RÉPARTITION : **Argentine**
RÉGIME ALIMENTAIRE : **carnivore**

L'HERRERASAURUS

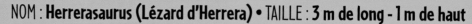

Il était l'un des premiers dinosaures carnivores et l'un des prédateurs les plus redoutables de son époque.

LE TRIAS

LE RIOJASAURUS

C'était l'un des premiers
dinosaures herbivores.

NOM : **Riojasaurus (Lézard de la Rioja)**
TAILLE : **10 m de long** • POIDS : **jusqu'à 2 t**
RÉPARTITION : **Argentine** • RÉGIME ALIMENTAIRE : **herbivore**

LE MUSSAURUS

À sa découverte, on a cru avoir trouvé la plus petite espèce de dinosaure (d'où son nom de lézard souris) mais il s'agissait en fait de bébés dinosaures.

NOM : Mussaurus (Lézard souris)
TAILLE : 7 m de long - 3 m de haut • **POIDS :** jusqu'à 2 t
RÉPARTITION : Argentine • **RÉGIME ALIMENTAIRE :** herbivore

NOM : **Thecodontosaurus (Lézard à dents en forme de socle)**
TAILLE : **2 m de long - 1 m de haut** • POIDS : **30 kg**
RÉPARTITION : **Argentine**
RÉGIME ALIMENTAIRE : **herbivore**

LE THECODONTOSAURUS

Ce dinosaure était encore très
petit comparé aux énormes herbivores
qui vont apparaître plus tard.

LE TRIAS   13

NOM : **Melanorosaurus (Lézard de la montagne noire)**
TAILLE : **10 à 12 m de long - 4 à 5 m de haut**
POIDS : **1 t** • RÉPARTITION : **Afrique du Sud**
RÉGIME ALIMENTAIRE : **herbivore**

LE MELANOROSAURUS

Grâce à sa grande taille, il n'avait pas à craindre les petits prédateurs de l'époque.

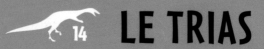

14 LE TRIAS

LE PLATEOSAURUS

Ce dinosaure pouvait marcher
sur 4 pattes mais était également capable
de se déplacer sur ses 2 puissantes pattes
postérieures.

NOM : **Plateosaurus (Lézard plat)**
TAILLE : **7 m de long** • POIDS : **jusqu'à 4 t**
RÉPARTITION : **Allemagne, Suisse, France, Groenland**
RÉGIME ALIMENTAIRE : **herbivore**

LE LUFENGOSAURUS

Il avalait des cailloux qui broyaient
les végétaux à l'intérieur de son estomac.

NOM : **Lufengosaurus (Lézard de Lu-Feng)**
TAILLE : **6 m de long - 3 m de haut** • POIDS : **200 kg**
RÉPARTITION : **Chine** • RÉGIME ALIMENTAIRE : **herbivore**

NOM : **Tuojiangosaurus (Lézard de la rivière Tuo)** • TAILLE : **9 m de long**
POIDS : **3 t** • RÉPARTITION : **Asie**
RÉGIME ALIMENTAIRE : **herbivore**

LE TUOJIANGOSAURUS

Dinosaure ou dragon ?
Des fossiles de Tuojiangosaurus ont été vendus
par le passé comme des os de dragons pour
faire des potions médicales !

LE JURASSIQUE

17

NOM : **Yangchuanosaurus (Lézard de Yangchuan)**
TAILLE : **jusqu'à 10 m de long** • POIDS : **3,5 t** • RÉPARTITION : **Asie**
RÉGIME ALIMENTAIRE : **carnivore**

LE YANGCHUANOSAURUS

Il a été découvert pendant
la construction du barrage
de Yangchuan.

18 LE JURASSIQUE

LE MASSOSPONDYLUS

Il prenait la nourriture et la portait à sa bouche grâce à ses mains habiles.

NOM : Massospondylus (Vertèbres massives)
TAILLE : **4 à 5 m de long - 2 m de haut** • POIDS : **100 à 400 kg**
RÉPARTITION : **Afrique du Sud, Amérique du Nord** • RÉGIME ALIMENTAIRE : **herbivore**

LE BAROSAURUS

Son cou mesurait environ 9 mètres depuis les épaules.

NOM : **Barosaurus (Lézard pesant)**
TAILLE : **20 à 27 m de long - 10 m de haut**
POIDS : **10 t** • RÉPARTITION : **États-Unis**
RÉGIME ALIMENTAIRE : **herbivore**

NOM : **Allosaurus (Étrange lézard)** • TAILLE : **jusqu'à 12 m de long**
POIDS : **jusqu'à 2 t** • RÉPARTITION : **États-Unis, Portugal**
RÉGIME ALIMENTAIRE : **carnivore**

L'ALLOSAURUS

Il avait une puissante mâchoire
qui lui permettait de déchiqueter
sa proie facilement.

LE JURASSIQUE

21

NOM : **Eustreptospondylus (Colonne vertébrale bien courbée)**
TAILLE : **7 à 9 m de long** • POIDS : **250 kg**
RÉPARTITION : **Angleterre**
RÉGIME ALIMENTAIRE : **carnivore**

L'EUSTREPTOSPONDYLUS

On sait peu de choses sur ce dinosaure
car on n'a trouvé que des fossiles de jeunes.

LE JURASSIQUE

22

LE DILOPHOSAURUS

Les 2 crêtes étranges sur la tête leur
permettaient sans doute
de se reconnaître. Elles servaient
peut-être aussi à attirer les femelles.

NOM : **Dilophosaurus (Lézard à deux crêtes)**
TAILLE : **6 à 7 m de long - 3 m de haut** • POIDS : **300 à 450 kg**
RÉPARTITION : **États-Unis** • RÉGIME ALIMENTAIRE : **carnivore**

L'ARCHÆOPTERYX

C'est l'oiseau le plus ancien au monde. Les oiseaux actuels ont donc un ancêtre dinosaure.

NOM : **Archæopteryx (Vieille plume)**
TAILLE : **35 cm** • POIDS : **500 g**
RÉPARTITION : **Allemagne**
RÉGIME ALIMENTAIRE : **omnivore, probablement insectivore**

NOM : **Cetiosaurus (Lézard baleine)** • TAILLE : **18 m de long**
POIDS : **30 t** • RÉPARTITION : **Allemagne**
RÉGIME ALIMENTAIRE : **herbivore**

LE CETIOSAURUS

Il est l'un des plus anciens
dinosaures connus. À sa découverte, on croyait que
ses os appartenaient à un reptile marin géant,
d'où son nom.

LE JURASSIQUE 25

NOM : **Dicræosaurus (Lézard fourchu)**
TAILLE : **13 à 20 m de long - 4 à 6 m de haut** • POIDS : **5 t**
RÉPARTITION : **Afrique**
RÉGIME ALIMENTAIRE : **herbivore**

LE DICRÆOSAURUS

Sa longue queue servait de "fouet" contre les prédateurs et était sa seule arme.

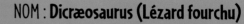

LE JURASSIQUE

26

LE GASOSAURUS

Il devait être le prédateur dominant en Chine à son époque.

NOM : **Gasosaurus (Lézard de l'essence)**

TAILLE : **4 m de long - 2 m de haut** • POIDS : **150 kg**

RÉPARTITION : **Chine** • RÉGIME ALIMENTAIRE : **carnivore**

LE CERATOSAURUS

La rareté des squelettes de Ceratosaurus laisse penser qu'il chassait seul.

NOM : Ceratosaurus (Lézard à corne)
TAILLE : 5 à 6 m de long - 3 m de haut • **POIDS :** 0,5 à 1 t
RÉPARTITION : États-Unis • **RÉGIME ALIMENTAIRE :** carnivore

LE YANDUSAURUS

Ce dinosaure se déplaçait sur
2 pattes et était rapide à la course.

NOM : **Lesothosaurus (Lézard du Lesotho)**
TAILLE : **1 m de long - 0,5 m de haut** • POIDS : **10 kg**
RÉPARTITION : **Afrique du Sud**
RÉGIME ALIMENTAIRE : **herbivore**

LE LESOTHOSAURUS

Le seul moyen de défense de ce petit dinosaure agile était la fuite.

30 **LE JURASSIQUE**

L'APATOSAURUS

Il effeuillait les branches et en arrachait des morceaux avec ses dents en forme de longues pointes à l'avant de la bouche.

NOM : **Apatosaurus (Lézard trompeur)**
TAILLE : **jusqu'à 22 m de long** • POIDS : **jusqu'à 35 t**
RÉPARTITION : **États-Unis** • RÉGIME ALIMENTAIRE : **herbivore**

LE CŒLURUS

Ses mains, pourvues de 3 doigts griffus, lui permettaient d'arracher la chair de ses petites proies.

NOM : **Coelurus (Queue creuse)**

TAILLE : **2 m de long** • POIDS : **15 à 30 kg**

RÉPARTITION : **États-Unis** • RÉGIME ALIMENTAIRE : **carnivore**

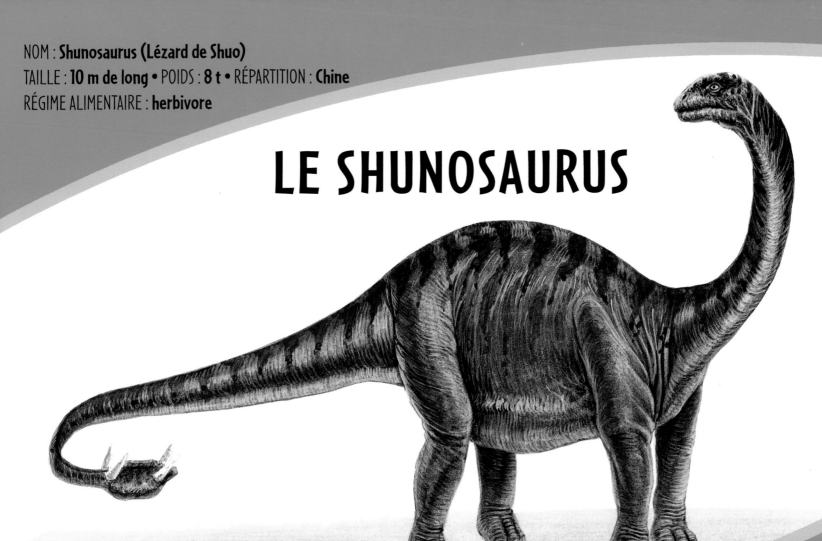

NOM : **Shunosaurus (Lézard de Shuo)**
TAILLE : **10 m de long** • POIDS : **8 t** • RÉPARTITION : **Chine**
RÉGIME ALIMENTAIRE : **herbivore**

LE SHUNOSAURUS

Sa queue possédait à son extrémité
une massue osseuse qui devait être
une arme redoutable.

LE JURASSIQUE 33

NOM : **Diplodocus (Double poutre)**
TAILLE : **jusqu'à 26 m de long - 4 m de haut** • POIDS : **jusqu'à 20 t**
RÉPARTITION : **ouest des États-Unis**
RÉGIME ALIMENTAIRE : **herbivore**

LE DIPLODOCUS

Cet énorme dinosaure se défendait contre ses ennemis en balançant violemment sa longue queue comme un fouet.

34 LE JURASSIQUE

LE MAMENCHISAURUS

Avec son cou de 11 mètres de long, il est considéré comme l'animal possédant le plus long cou de tous les temps.

NOM : **Mamenchisaurus (Lézard de Mamenchi)**
TAILLE : **22 m de long - 5 m de haut** • POIDS : **16 t**
RÉPARTITION : **Chine** • RÉGIME ALIMENTAIRE : **herbivore**

Il se défendait en balançant d'un côté à l'autre sa queue munie de pointes pour frapper ses ennemis. Les fines plaques qui couvraient son corps ne le protégeaient pas contre les attaques.

LE STEGOSAURUS

NOM : **Stegosaurus (Lézard à toit)**
TAILLE : **jusqu'à 9 m de long** • POIDS : **jusqu'à 2 t**
RÉPARTITION : **ouest des États-Unis** • RÉGIME ALIMENTAIRE : **herbivore**

NOM : **Kentrosaurus (Lézard à pointes)**
TAILLE : **5 m de long – 1,2 m de haut** • POIDS : **450 kg**
RÉPARTITION : **Tanzanie**
RÉGIME ALIMENTAIRE : **herbivore**

LE KENTROSAURUS

Les longues pointes présentes sur
chaque épaule le protégeaient
des attaques latérales.

LE JURASSIQUE 37

NOM : **Camarasaurus (Lézard chambré)**
TAILLE : **jusqu'à 18 m de long – 8 m de haut**
POIDS : **jusqu'à 20 t** • RÉPARTITION : **États-Unis**
RÉGIME ALIMENTAIRE : **herbivore**

LE CAMARASAURUS

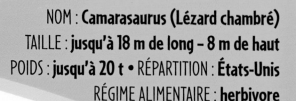

Il possédait des dents larges et solides et faisait coulisser sa mâchoire inférieure d'avant en arrière pour broyer les plantes avant de les avaler.

38 LE JURASSIQUE

L'HETERODONTOSAURUS

Il possédait 3 sortes de dents. Les 2 grandes dents à l'avant de sa mâchoire lui servaient probablement à couper les végétaux dont il se nourrissait.

NOM : **Heterodontosaurus (Lézard aux dents différentes)**
TAILLE : **1 m de long – 1 m de haut** • POIDS : **3 à 10 kg**
RÉPARTITION : **Afrique du Sud** • RÉGIME ALIMENTAIRE : **herbivore**

L'ANCHISAURUS

Il est le premier dinosaure découvert aux États-Unis et l'un des squelettes trouvés le plus complet. Il a été découvert par des ouvriers qui faisaient sauter des roches à la dynamite !

NOM : **Anchisaurus (Proche du lézard)**
TAILLE : **2 m de long – 1 m de haut** • POIDS : **27 kg**
RÉPARTITION : **Amérique du Nord** • RÉGIME ALIMENTAIRE : **herbivore**

NOM : **Compsognathus (Mâchoire délicate)**
TAILLE : **60 cm de long - 25 cm de haut** • POIDS : **2,5 kg**
RÉPARTITION : **Europe**
RÉGIME ALIMENTAIRE : **carnivore**

LE COMPSOGNATHUS

C'est l'un des plus petits
dinosaures connus.

LE JURASSIQUE 41

NOM : **Ornitholestes (Voleur d'oiseaux)**
TAILLE : **jusqu'à 2 m de long** • POIDS : **15 kg**
RÉPARTITION : **États-Unis**
RÉGIME ALIMENTAIRE : **carnivore**

L'ORNITHOLESTES

Très habile, il saisissait ses proies entre son pouce pointu et ses doigts griffus.

LE SYNTARSUS

Ce dinosaure était rapide et agile. Il avait probablement une tête très mobile, ce qui lui permettait d'attraper des insectes.

NOM : **Syntarsus (Tarse réuni)**
TAILLE : **3 m de long - 1 m de haut**
POIDS : **15 kg** • RÉPARTITION : **Afrique**
RÉGIME ALIMENTAIRE : **carnivore**

LE DRYOSAURUS

Avec ses longues pattes,
il pouvait courir vite.
La fuite était d'ailleurs
son seul moyen de défense.

NOM : **Dryosaurus (Lézard des chênes)**
TAILLE : **2 à 4 m de long** • POIDS : **80 kg**
RÉPARTITION : **États-Unis, Afrique de l'est** • RÉGIME ALIMENTAIRE : **herbivore**

NOM : **Scelidosaurus (Lézard à la jambe remarquable)**
TAILLE : **jusqu'à 4 m de long** • POIDS : **250 kg**
RÉPARTITION : **Angleterre**
RÉGIME ALIMENTAIRE : **herbivore**

LE SCELIDOSAURUS

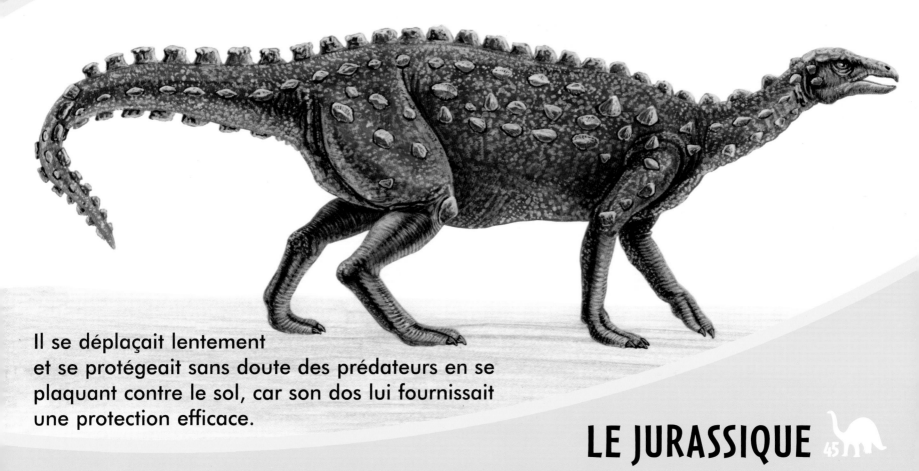

Il se déplaçait lentement
et se protégeait sans doute des prédateurs en se
plaquant contre le sol, car son dos lui fournissait
une protection efficace.

LE JURASSIQUE 45

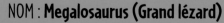

NOM : **Megalosaurus (Grand lézard)**
TAILLE : **9 à 10 m de long - 3 à 5 m de haut** • POIDS : **1,5 t**
RÉPARTITION : **Europe**
RÉGIME ALIMENTAIRE : **carnivore**

LE MEGALOSAURUS

Il est le premier dinosaure à avoir
reçu un nom, en 1824, à la suite
de la découverte d'os fossiles
en Angleterre.

46 LE JURASSIQUE

LE BRACHIOSAURUS

C'était le seul dinosaure dont les bras étaient plus longs que les pattes arrière.

NOM : Brachiosaurus (Lézard à bras)
TAILLE : jusqu'à 23 m de long - 14 m de haut
POIDS : 50 t • RÉPARTITION : États-Unis, Tanzanie
RÉGIME ALIMENTAIRE : herbivore

LE DEINONYCHUS

Il maintenait sa proie avec ses pattes antérieures et lui infligeait des blessures mortelles avec ses orteils pourvus de grandes griffes.

NOM : **Deinonychus (Griffe redoutable)**
TAILLE : **3 à 4 m de long** • POIDS : **50 à 70 kg**
RÉPARTITION : **ouest des États-Unis** • RÉGIME ALIMENTAIRE : **carnivore**

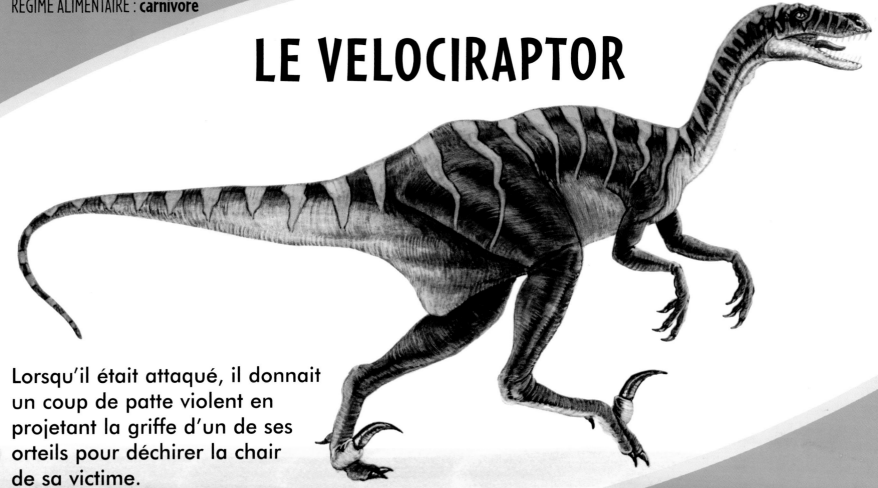

NOM : **Velociraptor (Voleur véloce)**
TAILLE : **jusqu'à 2 m** • POIDS : **jusqu'à 15 kg**
RÉPARTITION : **Chine, Mongolie**
RÉGIME ALIMENTAIRE : **carnivore**

LE VELOCIRAPTOR

Lorsqu'il était attaqué, il donnait
un coup de patte violent en
projetant la griffe d'un de ses
orteils pour déchirer la chair
de sa victime.

LE CRÉTACÉ 49

NOM : **Hypacrosaurus (Lézard très haut)**
TAILLE : **9 m de long** • POIDS : **1,5 t**
RÉPARTITION : **Amérique du Nord**
RÉGIME ALIMENTAIRE : **herbivore**

L'HYPACROSAURUS

Il enterrait ses œufs. Ceux-ci étaient ainsi recouverts de végétation et restaient bien au chaud avant leur éclosion.

50 **LE CRÉTACÉ**

LE PSITTACOSAURUS

Son bec recouvert de corne lui servait à couper les tiges et les feuilles des végétaux.

NOM : **Psittacosaurus (Lézard perroquet)**
TAILLE : **2,5 m de long** • POIDS : **jusqu'à 25 kg**
RÉPARTITION : **Mongolie, Chine, Thaïlande et Russie**
RÉGIME ALIMENTAIRE : **herbivore**

LE STRUTHIOMIMUS

Ce dinosaure qui ressemble à une autruche était sans doute l'un des animaux les plus rapides de tous les temps.

NOM : **Struthiomimus (Semblable à l'autruche)**
TAILLE : **jusqu'à 3,5 m**
POIDS : **250 à 300 kg** • RÉPARTITION : **Canada**
RÉGIME ALIMENTAIRE : **omnivore**

NOM : **Styracosaurus (Lézard à piques)**
TAILLE : **5,5 m** • POIDS : **3 t**
RÉPARTITION : **Canada, États-Unis**
RÉGIME ALIMENTAIRE : **herbivore**

Sa collerette prolongée par de longues piques servait peut-être à attirer les femelles lors de la parade, pour défendre son territoire ou comme signe distinctif.

LE STYRACOSAURUS

LE CRÉTACÉ 53

NOM : **Spinosaurus (Lézard à épines)**
TAILLE : **12 à 17 m de long** • POIDS : **4 à 6 t** • RÉPARTITION : **Égypte, Maroc**
RÉGIME ALIMENTAIRE : **carnivore, surtout piscivore**

LE SPINOSAURUS

Ses épines dorsales pouvaient s'élever jusqu'à 1,80 mètre de haut et formaient une sorte de voile sur son dos.

54 **LE CRÉTACÉ**

LE PINACOSAURUS

On a découvert les fossiles d'un groupe d'environ 20 jeunes Pinacosaurus, ce qui prouverait qu'ils vivaient en bandes.

NOM : **Pinacosaurus (Lézard planche)**
TAILLE : **6 m de long - 2 m de haut** • POIDS : **1,5 t**
RÉPARTITION : **Chine** • RÉGIME ALIMENTAIRE : **herbivore**

LE CARNOTAURUS

Les cornes dressées de chaque côté de sa tête servaient probablement à parader.

NOM : **Carnotaurus (Taureau carnivore)**
TAILLE : **7,5 m de long – 3,5 m de haut** • POIDS : **jusqu'à 1 t**
RÉPARTITION : **Argentine** • RÉGIME ALIMENTAIRE : **carnivore**

NOM : **Baryonyx (Griffe puissante)** • TAILLE : **jusqu'à 12 m de long**
POIDS : **1,5 à 2 t** • RÉPARTITION : **Angleterre, Espagne**
RÉGIME ALIMENTAIRE : **carnivore**

LE BARYONYX

Il était l'un des rares dinosaures à manger des poissons. Il les attrapait à l'aide de son long museau et de ses puissantes griffes.

LE CRÉTACÉ 57

NOM : **Hypsilophodon (Dent d'hypsilophe)**
TAILLE : **1,5 m de long** • POIDS : **jusqu'à 25 kg**
RÉPARTITION : **Angleterre, Espagne**
RÉGIME ALIMENTAIRE : **herbivore**

L'HYPSILOPHODON

La tête de ce petit dinosaure n'était pas plus grande qu'une main d'enfant.

LE STEGOCERAS

Son crâne épais (8 cm d'épaisseur) servait certainement à attaquer les prédateurs.

NOM : **Stegoceras (Toit de corne)**
TAILLE : **2,5 m de long – 1,5 m de haut**
POIDS : **55 kg** • RÉPARTITION : **États-Unis, Canada**
RÉGIME ALIMENTAIRE : **herbivore**

LE CHASMOSAURUS

On pense que ces dinosaures à corne effectuaient de grandes et longues migrations.

NOM : **Chasmosaurus (Lézard à collerette)**
TAILLE : **jusqu'à 5 m de long** • POIDS : **1,5 à 2 t**
RÉPARTITION : **États-Unis, Canada** • RÉGIME ALIMENTAIRE : **herbivore**

NOM : **Leaellynasaura (Lézard de Leaellyn)**
TAILLE : **2 m de long - 0,5 m de haut** • POIDS : **10 kg**
RÉPARTITION : **Australie**
RÉGIME ALIMENTAIRE : **herbivore**

LE LEAELLYNASAURA

Ce dinosaure porte le nom
de la jeune fille (Leaellyn)
du couple Rich, qui le découvrit.

LE CRÉTACÉ 61

NOM : **Triceratops (Visage à trois cornes)**
TAILLE : **9 m de long - 4 m de haut** • POIDS : **jusqu'à 6 t**
RÉPARTITION : **États-Unis, Canada**
RÉGIME ALIMENTAIRE : **herbivore**

LE TRICERATOPS

C'était l'un des dinosaures
les plus répandus à la fin du crétacé.

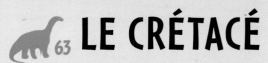

L'ASTRODON

On ne connaît ce dinosaure que d'après quelques dents fossilisées trouvées aux États-Unis.

NOM : **Astrodon (À la dent en étoile)**
TAILLE : **10 m de long - 6 m de haut** • POIDS : **7 t**
RÉPARTITION : **États-Unis** • RÉGIME ALIMENTAIRE : **herbivore**

LE SEGNOSAURUS

Il se servait peut-être de ses immenses griffes pour ouvrir des termitières ou pour attraper des poissons.

NOM : **Segnosaurus (Lézard lent)**
TAILLE : **6 m de long - 3 m de haut** • POIDS : **jusqu'à 7 t**
RÉPARTITION : **Asie** • RÉGIME ALIMENTAIRE : **omnivore, surtout piscivore**

L'EDMONTONIA

Avec ses longues épines osseuses sur les épaules,
il pouvait estropier un tyrannosaure !

LE CRÉTACÉ 65

NOM : **Dromiceiomimus (Imitateur d'émeu)**
TAILLE : **3,5 m de long** • POIDS : **100 à 150 kg**
RÉPARTITION : **Canada**
RÉGIME ALIMENTAIRE : **omnivore**

LE DROMICEIOMIMUS

Il était pourvu de longs membres antérieurs qui servaient à déterrer des petits animaux et des œufs enfouis dans le sol.

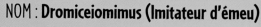

66 LE CRÉTACÉ

L'IGUANODON

La première dent de ce dinosaure qu'on ait découverte ressemblait à celle d'un iguane géant, d'où son nom.

NOM : **Iguanodon (Dent d'iguane)**
TAILLE : **9 m de long - 4,6 m de haut** • POIDS : **4 à 5 t**
RÉPARTITION : **États-Unis, Europe, Mongolie** • RÉGIME ALIMENTAIRE : **herbivore**

L'ACROCANTHOSAURUS

Son nom fait référence aux épines allongées qui formaient une excroissance sur sa colonne vertébrale.

NOM : **Acrocanthosaurus (Lézard à épines dorsales)**
TAILLE : **13 m de long - 5 m de haut** • POIDS : **2 à 4 t**
RÉPARTITION : **États-Unis** • RÉGIME ALIMENTAIRE : **carnivore**

NOM : **Pachyrhinosaurus (Lézard au nez épais)**
TAILLE : **4 à 6 m de long - 2 m de haut** • POIDS : **4 t**
RÉPARTITION : **États-Unis, Canada**
RÉGIME ALIMENTAIRE : **herbivore**

LE PACHYRHINOSAURUS

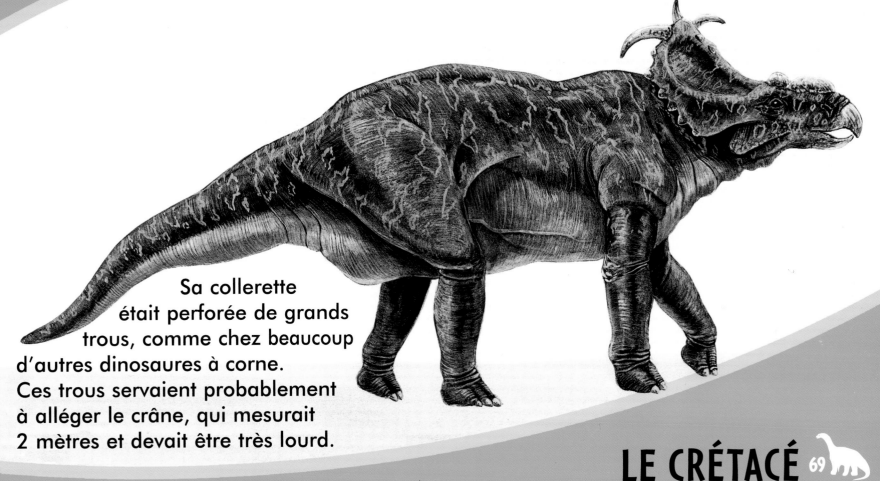

Sa collerette
était perforée de grands
trous, comme chez beaucoup
d'autres dinosaures à corne.
Ces trous servaient probablement
à alléger le crâne, qui mesurait
2 mètres et devait être très lourd.

LE CRÉTACÉ **69**

L'ALBERTOSAURUS

Comme pour le Tyrannosaurus, ses bras étaient si petits qu'ils ne pouvaient guère atteindre sa gueule.

LE DEINOCHEIRUS

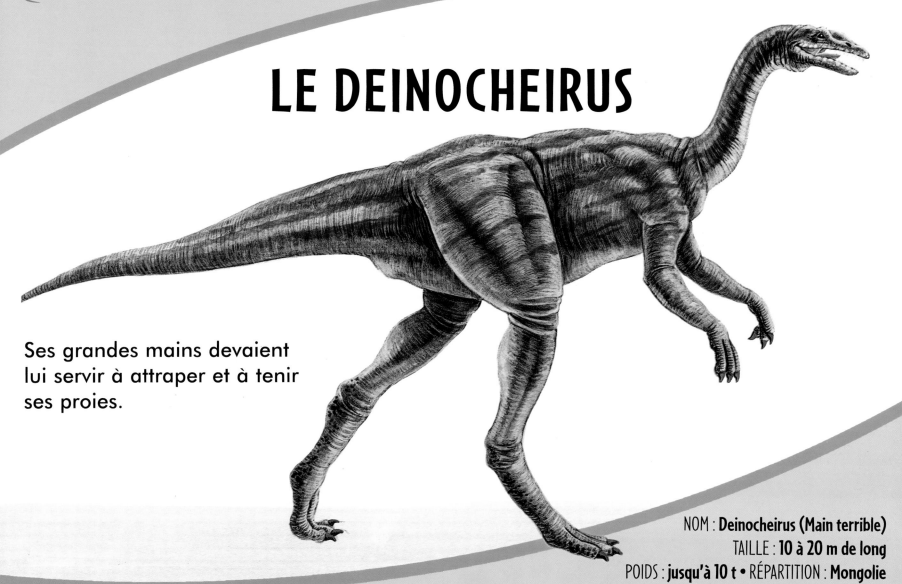

Ses grandes mains devaient lui servir à attraper et à tenir ses proies.

NOM : **Deinocheirus (Main terrible)**
TAILLE : **10 à 20 m de long**
POIDS : **jusqu'à 10 t** • RÉPARTITION : **Mongolie**
RÉGIME ALIMENTAIRE : **carnivore**

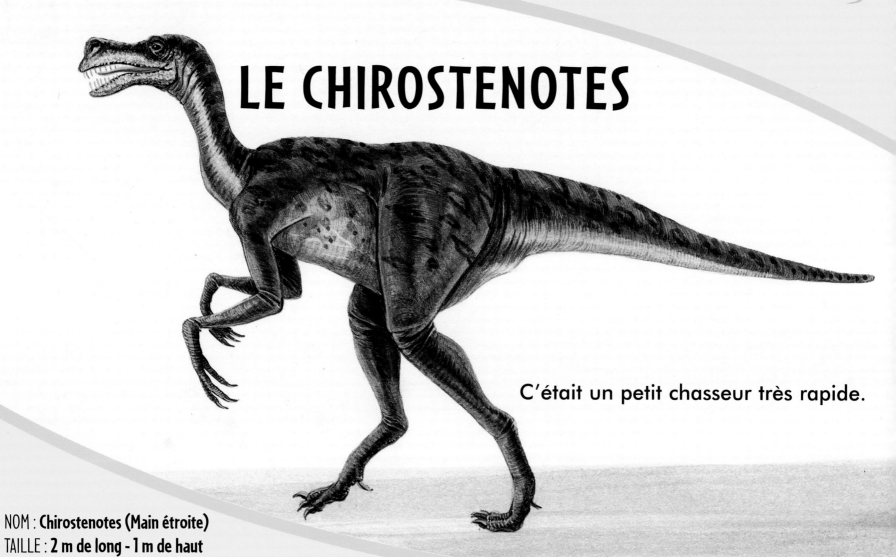

LE CHIROSTENOTES

C'était un petit chasseur très rapide.

NOM : **Chirostenotes (Main étroite)**
TAILLE : **2 m de long - 1 m de haut**
POIDS : **30 kg** • RÉPARTITION : **Canada**
RÉGIME ALIMENTAIRE : **carnivore**

NOM : **Protoceratops (Première tête à corne)**
TAILLE : **3 m de long** • POIDS : **180 kg**
RÉPARTITION : **Mongolie, Chine**
RÉGIME ALIMENTAIRE : **herbivore**

LE PROTOCERATOPS

Quand ses dents s'usaient, elles tombaient et de nouvelles dents poussaient.

LE CRÉTACÉ 73

NOM : **Stygimoloch (Démon de la rivière)**
TAILLE : **6 m de long - 4 m de haut** • POIDS : **6 à 8 t**
RÉPARTITION : **États-Unis**
RÉGIME ALIMENTAIRE : **herbivore**

LE STYGIMOLOCH

Il se servait probablement des cornes de sa tête lors des combats qui opposaient les mâles rivaux, de la même façon que le font les cervidés aujourd'hui.

Elles servaient peut-être aussi à la reconnaissance entre individus.

LE LAMBEOSAURUS

Il avait de nombreuses rangées de dents empilées les unes sur les autres. Sa mâchoire contenait ainsi 700 dents à la fois.

NOM : **Lambeosaurus (Lézard de Lambe)**
TAILLE : **9 m de long - 3 m de haut** • POIDS : **7 t**
RÉPARTITION : **Amérique du Nord** • RÉGIME ALIMENTAIRE : **herbivore**

L'EDMONTOSAURUS

Sa gueule aurait pu contenir 1 000 dents en même temps, un record !

NOM : **Edmontosaurus (Lézard d'Edmonton)**
TAILLE : **13 m de long** • POIDS : **3 t**
RÉPARTITION : **Amérique du Nord** • RÉGIME ALIMENTAIRE : **herbivore**

NOM : **Centrosaurus (Lézard à corne pointue)**
TAILLE : **6 m de long - 2 m de haut** • POIDS : **3 t**
RÉPARTITION : **Canada**
RÉGIME ALIMENTAIRE : **herbivore**

LE CENTROSAURUS

Pour défendre les jeunes, les adultes les regroupaient et formaient un cercle autour d'eux.

L'HOMALOCEPHALE

Il est probable que les mâles s'affrontaient tête contre tête lors de combats rituels.

LE SALTASAURUS

Il possédait sur son dos des plaques osseuses qui devaient dissuader les éventuels prédateurs de s'attaquer à lui. Il était probablement l'un des plus grands animaux cuirassés de tous les temps.

NOM : **Saltasaurus (Lézard de Salta)**
TAILLE : **jusqu'à 12 m de long - 4 m de haut** • POIDS : **25 t**
RÉPARTITION : **Argentine** • RÉGIME ALIMENTAIRE : **herbivore**

L'AVIMIMUS

Avec son bec, ses longues pattes se terminant par 3 orteils et ses 3 longs doigts pouvant se tenir repliés sous son corps, ce dinosaure ressemble à un oiseau. Il est même probable qu'il ait eu des plumes.

NOM : **Avimimus (Imitateur d'oiseau)**
TAILLE : **1 m de long - 0,6 m de haut** • POIDS : **20 kg**
RÉPARTITION : **Mongolie** • RÉGIME ALIMENTAIRE : **omnivore**

NOM : **Gallimimus (Imitateur de Gallinacés)**
TAILLE : **4 à 6 m de long – 3 m de haut** • POIDS : **500 kg**
RÉPARTITION : **Asie**
RÉGIME ALIMENTAIRE : **carnivore**

LE GALLIMIMUS

Il possédait une vision panoramique à 360 degrés. Les yeux situés sur les côtés de son crâne lui permettaient de voir derrière lui sans tourner la tête.

LE CRÉTACÉ 81

NOM : **Parasaurolophus (Proche du lézard à crête)**
TAILLE : **10 m de long – 6 m de haut** • POIDS : **5 t**
RÉPARTITION : **Amérique du Nord**
RÉGIME ALIMENTAIRE : **herbivore**

LE PARASAUROLOPHUS

Sa crête mesurait 2 mètres de long et produisait des sons pour communiquer. Le son produit devait ressembler à celui d'un trombone.

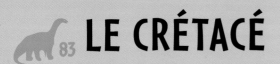

LE SAUROPELTA

Son armure osseuse faite de plaques recouvertes de corne
et de pointes sur les côtés le protégeait contre les prédateurs.

NOM : *Sauropelta (Lézard cuirassé)*
TAILLE : **7 m de long – 2 m de haut** • POIDS : **3 t**
RÉPARTITION : **États-Unis** • RÉGIME ALIMENTAIRE : **herbivore**

L'ARCHÆORNITHOMIMUS

Il se nourrissait probablement de lézards, de petits mammifères et de grands insectes.

NOM : **Archæornithomimus (Ancien imitateur d'oiseau)**
TAILLE : **3,5 m de long – 3 m de haut** • POIDS : **50 kg**
RÉPARTITION : **Chine** • RÉGIME ALIMENTAIRE : **carnivore**

NOM : **Minmi (Lézard de Minmi)**
TAILLE : **3 m de long – 1 m de haut** • POIDS : **200 kg**
RÉPARTITION : **Australie**
RÉGIME ALIMENTAIRE : **herbivore**

LE MINMI

Il est le dinosaure le mieux connu
et le plus complet provenant d'Australie.

LE DROMÆOSAURUS

Il s'attaquait même aux gros dinosaures et se servait de son énorme griffe pouvant se recourber vers l'avant, pour transpercer la peau de ses proies.

L'OVIRAPTOR

La mère couvait ses œufs
et protégeait son nid
contre les assaillants.

NOM : **Oviraptor (Voleur d'œufs)**
TAILLE : **1,5 à 2 m de long**
POIDS : **25 à 35 kg** • RÉPARTITION : **Mongolie, Chine**
RÉGIME ALIMENTAIRE : **omnivore**

LE BRACHYLOPHOSAURUS

À la façon des hamsters, il pouvait mâcher sa nourriture grâce à ses grandes joues sans qu'elle tombe de sa gueule.

NOM : **Brachylophosaurus (Lézard à tête courte)**
TAILLE : **7 m de long - 3 m de haut** • POIDS : **2 t**
RÉPARTITION : **États-Unis, Canada** • RÉGIME ALIMENTAIRE : **herbivore**

NOM : **Troodon (Dent blessante)**
TAILLE : **3 m de long** • POIDS : **50 kg**
RÉPARTITION : **Amérique du Nord**
RÉGIME ALIMENTAIRE : **carnivore**

LE TROODON

Ce dinosaure était capable
de coordonner ses attaques avec
d'autres membres de son groupe
pour être plus efficace.

LE CRÉTACÉ 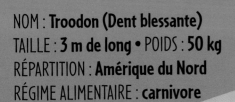 89

NOM : **Corythosaurus (Lézard au casque corinthien)**
TAILLE : **9 m de long** • POIDS : **4 à 5 t**
RÉPARTITION : **États-Unis, Canada**
RÉGIME ALIMENTAIRE : **herbivore**

LE CORYTHOSAURUS

Une grande crête
en forme d'éventail ornait
sa tête et lui permettait sans
doute de reconnaître
facilement ses semblables.

90 LE CRÉTACÉ

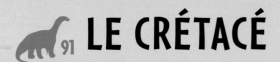

LE MAIASAURA

On a découvert dans
le Montana15 bébés
et un nid fossilisé
de Maiasaura. Un bébé
de 1 mois mesurait déjà
1 mètre de long.

NOM : **Maiasaura (Lézard bonne mère)**
TAILLE : **9 m de long** • POIDS : **2 à 3 t**
RÉPARTITION : **ouest des États-Unis** • RÉGIME ALIMENTAIRE : **herbivore**

L'OURANOSAURUS

Ce dinosaure se caractérise par la grande "voile" qu'il porte le long de la colonne vertébrale.

NOM : **Ouranosaurus (Lézard courageux)**
TAILLE : **jusqu'à 9 m de long** • POIDS : **jusqu'à 1 t**
RÉPARTITION : **États-Unis** • RÉGIME ALIMENTAIRE : **herbivore**

NOM : **Saurolophus (Lézard à crête)**
TAILLE : **9 m de long** • POIDS : **jusqu'à 3 t**
RÉPARTITION : **Canada, Mongolie**
RÉGIME ALIMENTAIRE : **herbivore**

LE SAUROLOPHUS

Quelques spécimens sont si bien préservés que l'on peut voir des traces de peau. On pense donc qu'il possédait des écailles très dures.

NOM : **Pachycephalosaurus (Lézard à tête épaisse)**
TAILLE : **4 à 6 m de long** • POIDS : **1 à 2 t**
RÉPARTITION : **Canada, ouest des États-Unis**
RÉGIME ALIMENTAIRE : **herbivore**

LE PACHYCEPHALOSAURUS

Son crâne était recouvert d'une calotte osseuse, épaisse de 25 centimètres. Cette calotte leur permettait sans doute de se reconnaître et de combattre. Elle servait peut-être aussi à attirer l'attention des femelles.

94 LE CRÉTACÉ

LE CAMPTOSAURUS

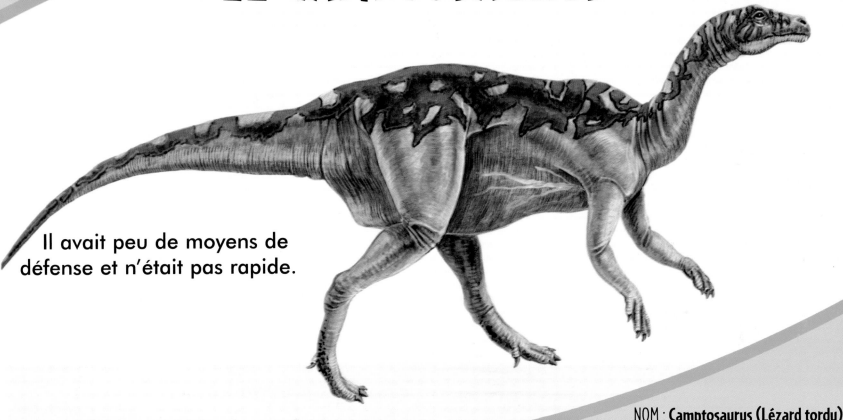

Il avait peu de moyens de défense et n'était pas rapide.

NOM : **Camptosaurus (Lézard tordu)**
TAILLE : **jusqu'à 6 m de long – 6 m de haut**
POIDS : **4 t** • RÉPARTITION : **Angleterre, États-Unis**
RÉGIME ALIMENTAIRE : **herbivore**

LE MUTTABURRASAURUS

La bosse osseuse sur son museau servait probablement d'attribut sexuel. Il semblerait également que cette bosse émettait des sons, afin de communiquer.

NOM : **Muttaburrasaurus (Lézard de Muttaburra)**
TAILLE : **7 m de long - 5 m de haut** • POIDS : **900 kg**
RÉPARTITION : **Australie** • RÉGIME ALIMENTAIRE : **herbivore**

NOM : **Euoplocephalus (Lézard à la tête bien cuirassée)**
TAILLE : **7 m de long - 2 m de haut** • POIDS : **2 à 3 t**
RÉPARTITION : **Amérique du Nord**
RÉGIME ALIMENTAIRE : **herbivore**

L'EUOPLOCEPHALUS

Son corps et sa tête étaient protégés par des plaques osseuses. Même ses paupières étaient cuirassées, il n'avait qu'à fermer les yeux pour les protéger.

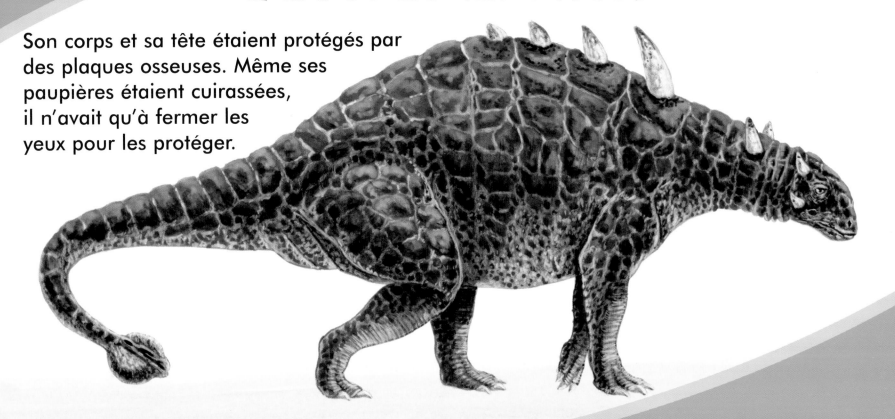

LE CRÉTACÉ  97

NOM : **Shantungosaurus (Lézard de Shantung)**
TAILLE : **12 à 15 m de long - 7 à 8 m de haut** • POIDS : **6 à 7 t**
RÉPARTITION : **Asie** • RÉGIME ALIMENTAIRE : **herbivore**

LE SHANTUNGOSAURUS

Il était plus grand et plus long qu'une maison !

98 **LE CRÉTACÉ**

LE GRYPOSAURUS

Il se déplaçait probablement en bande pour mieux pouvoir se protéger lors d'une attaque d'éventuels prédateurs.

NOM : Gryposaurus (Lézard au museau recourbé)
TAILLE : **10 m de long - 10 m de haut** • POIDS : **jusqu'à 2 t**
RÉPARTITION : **Amérique du Nord** • RÉGIME ALIMENTAIRE : **herbivore**

LE PROSAUROLOPHUS

Ses pattes arrière étant bien plus longues que ses pattes avant, il pouvait également marcher et se tenir sur 2 jambes.

NOM : **Prosaurolophus (Avant le lézard à crête)**
TAILLE : **8 m de long - 4 m de haut** • POIDS : **2 t**
RÉPARTITION : **Amérique du Nord** • RÉGIME ALIMENTAIRE : **herbivore**

NOM : **Tarbosaurus (Lézard angoissant)**
TAILLE : **10 à 12 m de long** • POIDS : **5 t**
RÉPARTITION : **Asie**
RÉGIME ALIMENTAIRE : **carnivore**

LE TARBOSAURUS

Il ressemblait tellement au Tyrannosaurus que certains paléontologues pensent qu'il s'agit du même animal.

LE TYRANNOSAURUS

Ce redoutable prédateur brisait
et broyait les os de ses proies.
Sa morsure était 3 fois plus
puissante que celle d'un lion !

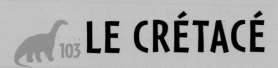

L'ORODROMEUS

Il vivait en petit groupe et prenait soin de ses petits.

NOM : **Orodromeus (Coureur sur la montagne)**
TAILLE : **2 m de long - 1 m de haut** • POIDS : **50 kg**
RÉPARTITION : **Amérique du Nord** • RÉGIME ALIMENTAIRE : **herbivore**

LE GARUDIMIMUS

Son nom provient de Garuda, un oiseau mythologique qui apparaît dans la mythologie hindoue et bouddhiste.

NOM : **Garudimimus (Qui imite le garuda)**
TAILLE : **4 m de long - 2 m de haut**
POIDS : **85 kg** • RÉPARTITION : **Mongolie** • RÉGIME ALIMENTAIRE : **carnivore**

NOM : **Thescelosaurus (Lézard merveilleux)**
TAILLE : **3 m de long - 1 m de haut** • POIDS : **300 kg**
RÉPARTITION : **Amérique du Nord**
RÉGIME ALIMENTAIRE : **herbivore**

LE THESCELOSAURUS

Il compte parmi les derniers dinosaures et a probablement disparu lors de l'extinction des dinosaures il y a 65 millions d'années.

LE CRÉTACÉ 105

LE WUERHOSAURUS

Il utilisait probablement les piques sur sa queue comme une arme défensive.

L'HADROSAURUS

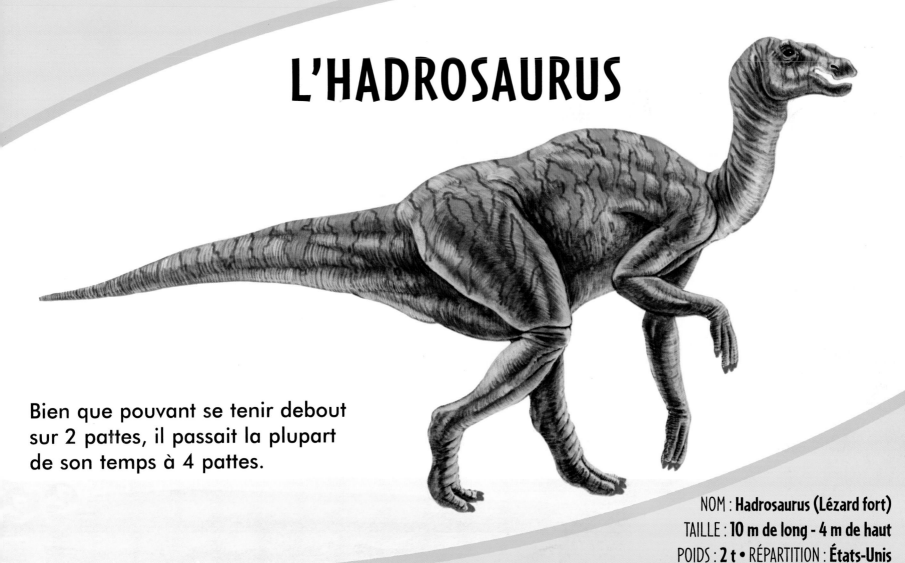

Bien que pouvant se tenir debout sur 2 pattes, il passait la plupart de son temps à 4 pattes.

NOM : **Hadrosaurus (Lézard fort)**
TAILLE : **10 m de long - 4 m de haut**
POIDS : **2 t** • RÉPARTITION : **États-Unis**
RÉGIME ALIMENTAIRE : **herbivore**

INDEX

INDEX